BEI GRIN MACHT SICH IHR WISSEN BEZAHLT

- Wir veröffentlichen Ihre Hausarbeit,
  Bachelor- und Masterarbeit

- Ihr eigenes eBook und Buch -
  weltweit in allen wichtigen Shops

- Verdienen Sie an jedem Verkauf

Jetzt bei www.GRIN.com hochladen
und kostenlos publizieren

Peyman Shah Hosseini

Evaluierung von Konzepten der Barrierefreiheit zur Entwicklung nachhaltiger Informationssysteme

GRIN Verlag

Bibliografische Information der Deutschen Nationalbibliothek:

Die Deutsche Bibliothek verzeichnet diese Publikation in der Deutschen National-
bibliografie; detaillierte bibliografische Daten sind im Internet über http://dnb.d-
nb.de/ abrufbar.

Impressum:

Copyright © 2013 GRIN Verlag GmbH
Druck und Bindung: Books on Demand GmbH, Norderstedt Germany
ISBN: 978-3-656-74820-5

Dieses Buch bei GRIN:

http://www.grin.com/de/e-book/280896/evaluierung-von-konzepten-der-barriere-
freiheit-zur-entwicklung-nachhaltiger

GRIN - Your knowledge has value

Der GRIN Verlag publiziert seit 1998 wissenschaftliche Arbeiten von Studenten, Hochschullehrern und anderen Akademikern als eBook und gedrucktes Buch. Die Verlagswebsite www.grin.com ist die ideale Plattform zur Veröffentlichung von Hausarbeiten, Abschlussarbeiten, wissenschaftlichen Aufsätzen, Dissertationen und Fachbüchern.

Besuchen Sie uns im Internet:

http://www.grin.com/

http://www.facebook.com/grincom

http://www.twitter.com/grin_com

HOCHSCHULE BONN – RHEIN – SIEG

Fachbereich Wirtschaftswissenschaften
Sankt Augustin

Hausarbeit zur Erlangung des Leistungsnachweises
für das Schwerpunktfach
Wirtschaftsinformatik
SS 2013

Evaluierung von Konzepten der Barrierefreiheit zur Entwicklung nachhaltiger Informationssysteme

vorgelegt am: 04.06.2013

Inhaltsverzeichnis

Abbildungsverzeichnis

Abkürzungsverzeichnis

BGG	Gesetz zur Gleichstellung behinderter Menschen (Behindertengleichstellungsgesetz)
BITV	Verordnung zur Schaffung barrierefreier Informationstechnik nach dem Behindertengleichstellungsgesetz
CCA	Color Contrast Analyser
WCAG1	Web Content Accessibility Guidelines 1.0
WCAG2	Web Content Accessibility Guidelines 2.0

1

1. Einleitung

Gerade für Menschen mit Behinderungen hat die Nutzung des Internets eine besondere Bedeutung, da ihnen Zugang zu sonst schwer erreichbaren Angeboten ermöglicht wird. In der Literatur wird ausgeführt, dass Menschen mit Behinderungen überdurchschnittlich häufig im Internet sind. In Deutschland lebten 2009 nach Auskunft des statistischen Bundesamtes 9,6 Millionen Menschen mit einer amtlich anerkannten Behinderung (das entspricht 11,7 % der Einwohner). Ohne die Einrichtung von Barrierefreiheit werden ganze Nutzergruppen ausgeschlossen.

Barrierefreiheit stellt sehr hohe Ansprüche und wird sich nicht vollständig in der Praxis umsetzen lassen. Allerdings profitieren von Barrierefreiheit nicht nur behinderte Menschen. „Barrierefreiheit bedeutet zugänglich ohne jede Einschränkung."[1] Verlieren Nutzer nach mehreren Registern die Orientierung kann dies zum Abbruch des Besuches der Webseite kommen. Barrierefreiheit bedeutet auch klare Nutzerführung und bessere Orientierung und ist damit nicht nur für behinderte Menschen von Vorteil. Von Barrierefreiheit profitieren auch Nutzer mobiler Endgeräte, so können die Nutzerzahlen erhöht werden, da mit mehr Ausgabegeräten Inhalte abgerufen werden können.

Die Barrierefreiheit ist ein Qualitätsmerkmal für ein Unternehmen. Barrierefreie Webauftritte verbessern das Image des Unternehmens. Außerdem erhalten barrierefreie Webseiten bei Suchmaschinen ein höheres Ranking.

---

[1] Vgl. Radtke, A. /Charlier, M. 2006, S. XV.

2. Nachhaltigkeit

Der Begriff Nachhaltigkeit wurde im 18. Jahrhundert von Carl von Carlowitz geprägt und kommt eigentlich aus der Holzwirtschaft. Nachhaltigkeit bedeutet: Lebe von den Erträgen, nicht von der Substanz.[2] Mit dem Brundtland Bericht[3], der auf den dringenden Handlungsbedarf hinwies, wurde im Jahr 1987 erstmals das Leitbild der Nachhaltigkeit geprägt. 1992 wurde auf dem Weltgipfel für Umwelt und Entwicklung das Arbeitsprogramm für das 21. Jahrhundert verabschiedet und global das Recht auf nachhaltige Entwicklung verankert.

Nachhaltige Entwicklung ist eine Entwicklung, die die Bedürfnisse der jetzigen Generation befriedigt, ohne die Möglichkeiten der künftigen Generationen zu gefährden.[4] Dies kann nur unter der Beachtung der ökologischen, ökonomischen und sozialen Dimension erreicht werden. Die drei Aspekte bedingen sich und sollten gleichzeitig und gleichrangig umgesetzt werden.

Auch für das Informationsmanagement nimmt die Bedeutung ökologischer und sozialer Themen zu. Durch den Einsatz von Computern und die Nutzung des Internets steigt der Stromverbrauch und verursacht dadurch CO_2-Emissionen. Bereits im Jahr 2004 lagen die CO_2-Emissionen der Informations- und Kommunikationstechnik deutlich über denen des Luftverkehrs.[5] Außerdem kann die IT durch intelligente Geschäfts- und Produktionsprozesse oder durch Umweltinformationssysteme einen wichtigen Beitrag zur Ressourcenschonung im Unternehmen leisten.[6]

---

[2] Vgl. Bundesregierung, Die Nationale Nachhaltigkeitsstrategie 2012, S. 1.
[3] Bildung für Nachhaltige Entwicklung, Brundtland-Bericht 1987.
[4] Vgl. Bildung für nachhaltige Entwicklung, Brundtland-Bericht 1987, S. 1.
[5] Vgl. Dialogprozess Konsum, Zukunftsmarkt energieeffiziente Rechenzentren 2008, S. 1.
[6] Vgl. Müller, G., S. 1.

3. Grundlagen zum Begriff Barrierefreiheit

Barrierefreiheit ist ein Ideal, das niemals vollständig erreicht werden kann. Barrieren treten auf, wenn bei der Konzeption der Webseiten die Anforderungen und Bedürfnisse der behinderten Menschen nicht bedacht werden. Barrierefrei ist nicht gleich behindertengerecht, sondern reicht weiter. Barrierefreiheit gilt nicht nur für behinderte Menschen, sondern für alle Menschen, die im Internet auf Barrieren stoßen und so Webangebote nicht nutzen können.

Werden die Anforderungen an Barrierefreiheit umgesetzt, steigt dadurch die Benutzerfreundlichkeit von Webseiten. Barrierefreies Internet bedeutet, dass die Webangebote im Internet für jeden Nutzer zugänglich und nutzbar sind. Dies trifft für behinderte und nicht behinderte Menschen ebenso wie für Menschen mit technischen und altersbedingten Einschränkungen zu. Damit keine Nutzergruppen von den Webangeboten ausgeschlossen werden, sind die Bedürfnisse der Nutzer zu berücksichtigen. Es ist gleicher Zugang für alle zu gewähren. Dabei werden viele Bereiche der Informationsvermittlung angesprochen.[7]

Barrierefreies Internet erfordert die Bereitschaft des Betreibers einer Webseite, sich mit dem Thema zu beschäftigen und mögliche Barrieren abzubauen. Dies ist insofern wichtig, da immer mehr Aufgaben und Dienstleistungen[8] ins Internet verlagert werden. Die Angebote müssen für alle Menschen nutzbar sein.

3.1. Definition Barrierefreiheit

Barrierefreiheit ist gesetzlich verankert und kann gegebenenfalls eingeklagt werden. „Barrierefrei sind bauliche und sonstige Anlagen, Verkehrsmittel, technische Gebrauchsgegenstände, akustische und visuelle Informationsquellen und Kommunikationseinrichtungen sowie andere gestaltete Lebensbereiche, wenn sie für behinderte Menschen in der allgemein üblichen

---

[7] Vgl. Hellbusch, J. E. 2005, S.7.
[8] u. a. auch öffentlicher Dienst, Arbeitsamt, Krankenkassen.

4

Weise, ohne besondere Erschwernis und grundsätzlich ohne fremde Hilfe zugänglich und nutzbar sind."[9]

Dabei sind folgende Begriffe entscheidend:

- gestaltete Lebensbereiche (z. B. Webangebote)

- in der allgemein üblichen Weise (Barrierefreiheit muss auf Webseite verankert sein, d. h. neben der Standardlösung darf es nicht noch eine zusätzliche barrierefreie Version geben.)

- ohne besondere Erschwernis (Erschwernis ist, wenn zusätzliche Software installiert oder eine Anwendung konfiguriert werden muss.)

- grundsätzlich ohne fremde Hilfe (Das Webangebot muss der Nutzer mit den gängigen Hilfsmitteln allein nutzen können.)

- zugänglich und nutzbar (Behinderte Menschen müssen nicht nur einen Zugang zum Webangebot haben, sondern müssen es auch nutzen können.)

Durch die Gestaltung der Barrierefreiheit dürfen die Nutzer, egal ob behindert oder nicht behindert, nicht gezwungen werden, dieselbe Hard- und Softwarekonfigurationen wie der Autor des Angebots zu verwenden.[10] Barrierefreiheit bedeutet auch Plattformunabhängigkeit.

3.2. Demografischer Wandel und Barrierefreiheit

Nach Auskunft des statistischen Bundesamtes werden im Jahr 2035 ca. 50% der Menschen älter als 50 Jahre und jeder dritte Mensch älter als 60 Jahre alt sein. Dabei geht das Älterwerden der Gesellschaft[11] mit einer wachsenden Zahl mobilitäts- oder aktivitätseingeschränkter Menschen einher.[12] Durch die wachsende Zahl von Menschen mit körperlichen Einschränkungen wird es

---

[9] S. § 4 BGG.
[10] Vgl. Wohlrabe, N., S. 1.
[11] Der demografische Wandel findet nicht nur in Deutschland statt, sondern weltweit.
[12] Vgl. Pagenkopf, K. 2010, S. 1.

Veränderungen am Markt geben. Barrierefreiheit wird immer mehr zum Wettbewerbsvorteil für die Unternehmen. Durch Umsetzung von Barrierefreiheit können die Unternehmen eine neue Usergruppe[13] erreichen, die nicht nur das finanzielle Potential hat, sondern auch die am stärksten wachsende Gruppe in den nächsten Jahren sein wird.

Menschen mit Behinderung als auch ältere Menschen nutzen das Internet nicht nur als Informationsplattform, sondern auch als Kommunikationsmittel.[14]

3.3. Accessibility

Mit Accessibility sollen die Informationen und Technologien für jeden Nutzer zugänglich gemacht werden, unabhängig von Einschränkungen und technischen Voraussetzungen. WCAG1, WCAG2 und BITV enthalten ausführliche Informationen und Handlungsempfehlungen zur Accessibility. In der Literatur wird oft diskutiert, ob Accessibility synonym für Zugänglichkeit oder Barrierefreiheit verwendet werden sollte. Doch Zugänglichkeit stellt keine Verbindung zu Behinderungen her, sondern bedeutet das Erreichen aller Inhalte.[15] Barrierefreiheit unterscheidet sich von der reinen Zugänglichkeit durch die Nutzbarkeit der Inhalte.[16]

3.4. Usability

Barrierefreiheit im Web und Usability sind eng miteinander verbunden und sollen das Internet für die Zielgruppen zugänglich und nutzbar zu machen. „The effectiveness, efficiency and satisfaction with which specified users achieve specified goals in particular environments."[17] Usability wird oft als Benutzerfreundlichkeit der Anwendung beschrieben, denn einfache Navigation und Alternativtexte zur Beschreibung grafischer Elemente kommen allen

---

[13] Menschen, die über 50 Jahre alt sind.
[14] Bei Menschen, deren Mobilität eingeschränkt ist, ist das Internet ein bedeutendes Kontaktmittel zur Außenwelt.
[15] Vgl. Hellbusch, J. E./Probiesch, K. 2011, S. 9.
[16] Vgl. Hellbusch, J. E./Probiesch, K. 2011, S. 9.
[17] Göbel, K. 2009: Definition nach ISO 9241, S. 40.

6

Nutzern zugute. Mit Usability ist aber nicht die reine Serviceorientierung gemeint, sondern die Gebrauchstauglichkeit. Usability ist der Grad an Qualität, in welchem der Benutzer die Interaktion mit etwas erlebt.[18]

3.5. Synergien zwischen Usability und Accessibility

Usability führt nicht automatisch zu Accessibility und Accessibility nicht zu mehr Usability. Doch Usability und Accessibility bedingen einander. Klassische Usability kümmert sich nicht um Accessibility, sondern berücksichtigt nur Menschen, die keine Einschränkungen haben.[19] Jedoch bringen Elemente der Usability auch hinsichtlich der Accessibility einen großen Nutzen.[20] Regelungen zur Accessibility erhöhen die Usability nicht nur, sondern schließen sie grundsätzlich mit ein. Allerdings soll die Usability nicht nur einer Gruppe von Menschen dienen, sondern alle Nutzer einschließen. Eine Webseite, die beide Aspekte berücksichtigt, wird den Erwartungen aller Nutzer gerecht.

[18] Vgl. Rampel, H. J. 2011, S. 1.
[19] Vgl. Morsbach, J. 2004, S. 1.
[20] Vgl. Göbel, K. 2009, S. 41.

4. Barrierefreie IT

4.1. Textorientierung

In der Richtlinie 1.1 der WCAG2 werden für Nicht-Text-Inhalte Textalternativen gefordert. Damit sollen diese in andere Formen geändert werden können, die der Benutzer verwenden kann, wie z. B. Großschrift, Braille, oder einfache Sprache.[21]

4.1.1. Bilder und andere Multimediadateien

Oft verwenden Nutzer (z. B. Nutzer von Screenreadern, Webreadern oder zeilenorientierten Browsern) Browser, bei denen Bilder deaktiviert wurden, d. h. es werden keine Bilder oder ähnliche Elemente angezeigt. Daher sollte für die Elemente (z. B. Bilder, Grafiken, Frames, Scripts, Multimediadaten), die kein Text sind, Alternativtexte zur Verfügung gestellt werden. So sollten Bilder und Grafiken über ein `alt` Attribut verfügen, das den Alternativtext enthält.[22] Der Alternativtext sollte das Bild kurz und prägnant beschreiben und den wesentlichen Inhalt wiedergeben. Dabei sollte der Inhalt im Kontext mit der Webseite stehen. Eine Beschreibung: „Hier kommt ein Bild" ist überflüssig, da Screenreader dies selbst erkennen. Von Alternativtexten profitieren nicht nur sehbehinderte Menschen, sondern auch Nutzer mit deaktivierten Bildern im Browser. So wird der Inhalt des Bildes zugänglich gemacht. Bilder oder Grafiken ohne inhaltliche Funktion oder Bedeutung, z. B. zu Layoutzwecken, sollten ebenso ein alt Attribut (`alt =""`) enthalten.

Auf Hintergrundbilder sollte verzichtet werden, da diese für sehbehinderte Nutzer kaum nutzbar sind, von Screenreader nicht erkannt und bei benutzerdefinierten Farbeinstellungen des Browsers überschrieben werden. Hintergrundbilder sollten keine Informationen enthalten oder eine inhaltliche Funktion oder Bedeutung für die Webseite haben.

---

[21] S. WCAG2.
[22] Für längere Alternativtexte sollte das longdesc Attribut verwendet werden.

Grafiken als Navigations- oder Bedienelemente müssen über eine präzise Texthinterlegung verfügen.[23] So reicht es nicht „Bitte hier klicken", als Text zu hinterlegen. Der Alternativtext sollte den Sinn der Grafik widerspiegeln (z. B. bei einer deutschen Fahne könnte stehen: „Hier geht's zur deutschen Version."). Grafiken müssen auch ohne Farben verständlich sein. Farbe als Träger der Information sollte nicht genutzt werden.[24] Bei Verwendungen von Image Maps sollte parallel eine textorientierte Zugangsmöglichkeit angeboten werden.[25] Videos und Audios sollten Abschriften, Beschreibungen, Untertitel und eventuelle Übersetzungen in Gebärdensprache zur Verfügung stellen.[26]

Sinnvolle Alternativtexte (gekennzeichnet durch das alt Attribut) können die Platzierung in der Suchmaschine verbessern, da Robots von Suchmaschinen zwar Bilder nicht erkennen und auswerten können aber die alt Texte.

4.1.2. Captchas

Captchas sind weit verbreitet und werden verwendet, um den Zugang zu bestimmten Bereichen des Webauftritts nur für Menschen und nicht für Maschinen zu erlauben.[27] Meist werden Buchstaben- und Zeichenfolgen (angezeigt in verzerrter Form) verwendet, die dann von dem Nutzer in ein Formularfeld eingetippt werden müssen. Captchas werden von vielen Menschen[28] als Hindernis angesehen. Auch Screenreader haben Probleme bei der Erkennung von Captchas.

Captchas sind informative Grafiken und benötigen eigentlich Alternativtexte, das jedoch dem eigentlichen Sinn der Captchas zuwider laufen würde.[29] Mögliche Alternativen wären Audio-Captcha (sprechen der Zeichen)[30] oder das Lösen einer einfachen mathematischen Aufgabe[31].

---

[23] Vgl. Hellbusch, J. E./Mayer, Th. 2006, S. 10.
[24] S. WCAG1, Richtlinie 2.
[25] Vgl. Hellbusch, J. E./Mayer, Th. 2006, S. 11.
[26] Vgl. Hellbusch, J. E./Mayer, Th. 2006, S. 11.
[27] Ausschluss von Robots und anderer Software.
[28] Nicht nur von Menschen mit Einschränkungen.
[29] Vgl. Hellbusch, J. E./Probiesch, K. 2011, S. 225.
[30] Vgl. Hellbusch, J. E./Probiesch, K. 2011, S. 225.
[31] Vgl. Hellbusch, J.E./Probiesch, K. 2011, S. 226.

4.1.3. Formulare

Über Formulare soll der Nutzer eine Webanwendung bedienen. Deshalb müssen die einzugebenden Felder verständlich sein und mit Screenreadern bedient werden können. Alle Formularfelder sollten mit dem Element <label> bezeichnet werden. Die Auszeichnung von Pflichtfeldern muss vor dem eigentlichen Feld erfolgen, sonst würde der Nutzer erst im Nachhinein hören, dass er das Feld hätte ausfüllen müssen. Pflichtfelder sollten nicht allein durch Farbe gekennzeichnet werden.

Formularfelder sollten mit den Elementen <fieldset> und <legend> in Gruppen aufgeteilt und entsprechend benannt werden. Damit kann auch mittels Screenreader in dem Formular navigiert werden.

Bei Falscheingaben sollten die Formularfelder nicht farblich markiert werden, da dies für sehbehinderte Menschen kaum wahrnehmbar ist. Eingabefehler sollten als Fehlermeldung in Textform ausgegeben werden und in Nähe zu dem betroffenem Feld stehen. Event-Handler, die von der Mausbedienung abhängig sind, sollten in den Formularen nicht verwendet werden.

4.1.4. Frames

Frames teilen den Bildschirm in verschiedene Segmente ein und sollten sinnvoll beschrieben werden, wobei der Titel des Frames auf seinen Inhalt schließen lassen sollte, um die Identifikation und Navigation zu erleichtern. „Das, was durch die Anordnung von Frames am Bildschirm offensichtlich ist, muss für eine textorientierte und lineare Ausgabe durch kontextuelle Beschriftung kompensiert werden."[32] Screenreader können drei bis fünf Frames ohne Probleme verarbeiten, aber komplexere Framesets erschließen sich kaum noch.[33]

---

[32] Hellbusch, J. E./Probiesch, K. 2011, S. 565.
[33] Vgl. Hellbusch, J. E./Probiesch, K. 2011, S. 561.

Die Gestaltung barrierefreier Frames ist auf Code-Ebene möglich, doch eigentliche Probleme entstehen in der visuellen Darbietung.[34] Bei sehr kleinen Fenstern kommt es mit Frames zu Darstellungsproblemen.

Außer HTML-Dokumente können in einem Frame auch andere Dateiformate angezeigt werden. Dies erschwert die Zugänglichkeit der Seite. So kann z. B. bei einem Bild kein Alternativtext eingegeben werden. Daher wird empfohlen, von einem Frame-Element nicht direkt auf Bilder, PDF- oder Multimediadateien zu verweisen, sondern die Inhalte in ein HTML-Dokument zu integrieren und damit barrierefrei zu gestalten.[35]

4.2. Farben, Kontraste, Schriftbild

Inhalt muss auch ohne besondere Kennzeichnung wie durch Schriftart, Farbe oder sonstige gestalterische Elemente verstehbar sein.[36] Dabei sollen die Informationen ausreichend kontrastreich sein, wobei Texte, Navigation, Verweise oder Links, informative Grafiken, Formulare oder Warnungen Träger von Informationen sind.[37]

4.2.1. Farben

Eine optische Gestaltung einer Webseite ist üblich. Gemäß WCAG2 sind sämtliche Informationen[38], die als Unterscheidungsmerkmal verschiedene Farbgebung haben, auch in anderer Form darzustellen. Das farbliche Hervorheben von Text kann für Menschen mit Sehbehinderungen problematisch werden.

Bei der Farbauswahl einer Webseite ist auf den Kontrast zwischen Information und Hintergrund zu achten, dabei sind komplementäre Farben (wie z. B. Grün

---

[34] Vgl. Hellbusch, J. E./Probiesch, K. 2011, S. 561.
[35] Vgl. Hellbusch, J. E./Probiesch, K. 2011, S. 564.
[36] S. BITV, Anforderung 2.
[37] Vgl. Hellbusch, J. E. 2005, S. 76.
[38] Unabhängig davon, ob es sich um einen Text oder eine Grafik handelt.

und Rot) zu vermeiden. Menschen mit Farbfehlsichtigkeiten können diese Kombination schlecht lesen, außerdem wird der Sehsinn überreizt, die Farben können beginnen zu schwimmen und am Bildschirm flimmern. Dies wird von den meisten Nutzern als unangenehm und störend empfunden.

Abbildung 1: Komplementärfarben – Orange auf Cyan, Gelb auf Blau, Cyan auf Rot

Bei Verwendung von schwarzer Schrift auf weißem Grund kann es zum Überstrahlen der Schrift kommen und der Nutzer ermüdet schneller.[39] Weißer Hintergrund kann sehbehinderte Nutzer blenden. Abgetönte oder leichtgraue Hintergründe werden generell als angenehm empfunden. Farbverläufe und Hintergrundgrafiken sollten vermieden werden. Farbkombinationen als Schrift- und Hintergrundfarbe wie Rot und Schwarz[40], Beige / Gelb / Orange mit Rot und Grün,[41] Gelb und Weiß, Rot und Blau, Blau und Orange[42] sollten nicht gewählt werden. Farbe und Kontrast werden auch zur Gestaltung von Grafiken in einer Navigation verwandt.[43] Es ist zu beachten, dass durch benutzerdefinierte Bildschirmeinstellungen Grafiken nicht in ihren Farben verändert werden.

Links werden farblich gekennzeichnet und unterstrichen. Bei Text sollte auf Unterstreichen verzichtet werden - also kein Hervorheben von Text durch Unterstreichen. In den Stylesheets sollten die Formate für die Links zentral definiert werden:

- a:link: normaler, noch nicht besuchter Link

---

[39] Vgl. Die Mediengestalterin 2011, S. 1.
[40] Menschen mit Rotschwäche erscheint Rot als Grau und Dunkelrot sogar als Schwarz (siehe Hellbusch, J. E./Mayer, Th. 2006, S. 14).
[41] Menschen mit Rot-Grün-Fehlsichtigkeit ersetzen diese Farben mit Beigetönen.
[42] Die anderen Farbkombinationen lassen sich schlecht unterscheiden.
[43] Vgl. Hellbusch, J. E./Mayer, Th. 2006, S. 13.

- `a:visited`: bereits besuchter Link

- `a:hover`: Link, der soeben mit der Maus überfahren wird

- `a:active`: ausgewählter Link

`a:focus`: Link, der im Fokus steht.[44]

4.2.2. Kontraste

Bei der Gestaltung der Webseite ist auf ausreichenden Kontrast zu achten. Je geringer der Kontrast ist, desto weniger Menschen können den Text lesen. Ein Farbkontrast ist nur wahrnehmbar, wenn zwischen zwei oder mehreren nebeneinander liegenden Farben deutlich erkennbare Unterschiede bestehen.[45] Dabei beziehen sich die Farbkontraste auf den Farbton, die Helligkeit und die Sättigung.[46] Grenzwerte der Kontrastverhältnisse (zwischen Vordergrundinformation und Hintergrundfarben) dürfen nicht unterschritten werden.[47] Haben Schrift- und Hintergrund eine Farbe mit ähnlichen Helligkeitswerten, wird die Lesbarkeit des Textes stark beeinträchtigt. So wird für die Konformitätsstufe AAA gemäß WCAG2 ein Kontrastverhältnis von mindestens 7:1 gefordert.[48]

Kontrastverhältnisse und Farben unterliegen subjektiven Empfindungen. Daher bietet es sich an, mit am Markt vorhandenen Tools wie Color Contrast Analyser (CCA)[49] und Luminosity Colour Contrast Ratio Analyser[50] eine Überprüfung der Webseite vorzunehmen.[51] Die Überprüfung des Kontrastverhältnisses sollte im Browser und nicht im Grafikprogramm erfolgen.[52]

---

[44] Vgl. Hellbusch, J. E./Mayer, Th. 2006, S. 15.
[45] Vgl. Die Mediengestalterin 2011, S. 1.
[46] Vgl. Kreitmar, I. 2007, S. 1.
[47] Vgl. Hellbusch, J. E./Probiesch, K. 2011, S. 687.
[48] S. WCAG2.
[49] Bestimmt das Kontrastverhältnis, indem es den Helligkeitsunterschied zwischen Vordergrund- und Hintergrundfarbe misst (Paciello Group 2011).
[50] Überprüft, ob die Farbwerte den Anforderungen der WCAG2 entsprechen (Juicy Studio 2011).
[51] Vgl. Hellbusch, J. E./Probiesch, K. 2011, S. 689 – 690.
[52] Vgl. Hellbusch, J. E./Probiesch, K. 2011, S. 690.

4.2.3. Schriftbild

Für die Lesbarkeit von Texten sind neben den Farbkombinationen und Farbkontrasten auch die verwendete Schriftart, der Zeichenabstand, die Zeilenhöhe, die Zeilenbreite und der Zeilenabstand entscheidend. Es sollten übliche Schriftarten verwendet werden, da nicht jeder Nutzer alle Schriftarten auf seinem System installiert hat. Ist die Schrift nicht vorhanden, wird die nächstbeste Schrift aus dem Alphabet herangezogen, deshalb sollten generische Schriftfamilien angelegt werden.[53]

Auf dem Bildschirm dargestellten Zeichen müssen scharf, deutlich und ausreichend groß sein sowie einen angemessenen Zeichen- und Zeilenabstand haben.[54] Bei großer und fetter Schrift wird der Text leserlich.[55] Neben ihrer Skalierbarkeit darf eine Schrift generell eine gewisse Mindestgröße nicht unterschreiten.[56] Schrift mit einer Mindestgröße von 18 Punkten (nicht fett) oder mindestens 14 Punkte (fett)[57] braucht ein geringeres Kontrastverhältnis.[58] Farbige Schrift erscheint bei starker Vergrößerung undeutlicher als schwarze Schrift. Bei langen Textpassagen ist schwarze

Schrift auf hellem Hintergrund oder eine weiße Schrift auf dunklem Hintergrund zu bevorzugen.[59]

Zu lange Zeilen erschweren den Lesefluss; optimal sind 30 bis 50 Zeichen pro Zeile.[60] Bei der Gestaltung des Textes ist darauf zu achten, dass die Lesbarkeit des Textes auch bei Vergrößerungen nicht beeinträchtigt wird, deshalb sollte auf Blocksatz, kursive Schrift und zu große Unterschiede zwischen den Schriftgrößen verzichtet werden.

---

[53] Vgl. Hellbusch, J. E. 2005, S. 92.
[54] S. Anforderungen der Bildschirmarbeitsplatzverordnung, Anhang über an Arbeitsplätze zustellende Anforderungen.
[55] Vgl. Hellbusch, J. E./Probiesch, K. 2011, S. 688.
[56] Vgl. Hellbusch, J. E. 2005, S. 92.
[57] Großformatige Schrift.
[58] S. WCAG2, Erfolgskriterium 1.4.3 und 1.4.6.
[59] Vgl. Hellbusch, J. E. 2005, S. 87.
[60] Vgl. Hellbusch, J. E. 2005, S. 93.

4.3. Skalierbarkeit

Barrierefrei bedeutet, die Webseite darf nicht für bestimmte Bildschirmauflösungen optimiert sein. Selbst bei großen Monitoren empfinden viele Nutzer[61] Bildschirmauflösung von 800 x 600 Pixel trotz auftretender Unschärfe als angenehm. Die Webseite sollte so eingerichtet sein, dass sie bei der o. g. Auflösung möglichst ohne Scrollbalken gut erfasst werden kann.[62] Außerdem ist zu berücksichtigen, dass immer mehr Nutzer mobile Endgeräte mit kleinen Displays nutzen. Durch flexible Positionierung und relative Größenangaben kann das Layout an beliebige Bildschirme angepasst werden.[63] Durch skalierbare Layouts kann es bei hohen Bildschirmauflösungen zu langen Textzeilen kommen.[64] Um die Lesbarkeit weiterhin zu gewährleisten, sollte die Zeilenlänge des Inhaltsbereichs auf etwa 50 bis 60 Zeichen begrenzt werden.[65]

Webseiten lassen sich durch Schriftvergrößerung und Zoomen vergrößert darstellen. Bei einem Text muss sich die Schriftgröße um 200% vergrößern lassen, ohne dass dabei Inhalt oder Funktionalität verloren gehen.[66] Die Schrift muss sich den Vorgaben des Nutzers anpassen und Layouts auf beliebigen Bildschirmen darstellen lassen.[67] Um Skalierbarkeit zu gewährleisten, müssen relative (keine absoluten) Größenangaben zur Gestaltung von Layout, Text und anderen Elementen der Webseite verwendet werden.[68] So kann im Browser ohne Probleme die Schrift der Webseite vergrößert werden. Auch bei Vergrößern des Textes auf das Doppelte seiner originalen Größe muss die Seite nutzbar bleiben.[69]

Alle vom Benutzer vorgenommenen Änderungen in den Einstellungen, dürfen das Layout nicht stören und Bereiche überlagern. Oft werden Spalten in starren Pixel definiert und die Positionierung der Elemente auf der Seite fest

---

[61] Vor allem ältere Nutzer.
[62] Vgl. Radtke, A./Charlier, M. 2006, S. 5.
[63] Vgl. Hellbusch, J. E. 2005, S. 140.
[64] Vgl. Hellbusch, J. E./Mayer, Th. 2006, S. 19.
[65] Vgl. Hellbusch, J. E./Mayer, Th. 2006, S. 19.
[66] Vgl. Einfach für alle 2010, S. 1.
[67] Vgl. Hellbusch, J. E. 2005, S. 139.
[68] S. WCAG1.
[69] Das bedeutet, dass alle Schriften mitwachsen müssen. Texte dürfen sich nicht überlagern oder abgeschnitten werden.

vorgegeben.[70] Es sollten jedoch relative Maßeinheiten wie % oder em nicht nur für die Schrift, sondern auch für die Spaltenbreiten und andere Layoutelemente verwendet werden.[71] Bei Grafiken und großen Überschriften braucht bei der Gestaltung der Webseite keine Rücksicht auf die Skalierbarkeit genommen werden.[72]

4.4. Linearisierbarkeit

Die Elemente einer Webseite können nebeneinander als auch untereinander angeordnet werden. Jedoch lesen Screenreader oder Braillezeile den Text nur nacheinander, von links nach rechts und von oben nach unten. Screenreader bieten die Möglichkeit, von Überschrift zu Überschrift oder von Absatz zu Absatz zu springen. Damit muss eine bestimmte Reihenfolge, eine linearisierte Form, eingehalten werden. Ist die Reihenfolge des Inhalts unlogisch, können blinde Nutzer den Text schlecht erfassen. Inhalt der Webseite und wichtige Navigationspunkte sollten sich am Anfang des Quelltextes befinden.

Die Struktur einer in verschiedene Bereiche (wie Hauptnavigation und Inhalte) aufgeteilte Webseite erschließt sich dem Betrachter meist sofort, jedoch trifft dies für Screenreader und Braillezeile nicht unmittelbar zu. Um auch mit diesen Geräten die Webseite erfassen zu können, muss die passende Layouttechnik, die Layouttabellen, CSS und Frames gewählt werden.[73] Linearisierbarkeit wird mit CSS und durch linearisierbar gestaltete Tabellen und Frames sicher gestellt.[74] Gemäß BITV wird die Nutzung von CSS zur Gestaltung von Webseiten vorgeschrieben. Mit CSS haben sehbehinderte Nutzer die Möglichkeit, eine individuelle Darstellungsform zu wählen und damit die Zugänglichkeit von Webseiten zu erleichtern. Im Browser können eigene Stylesheetdateien verwendet und CSS- Angaben einer Seite ausgeschaltet werden.[75]

---

[70] Vgl. Initiative der Aktion Mensch 2011, S. 1.
[71] S. WCAG1.
[72] Vgl. Hellbusch, J. E./Mayer, Th. 2006, S. 20.
[73] Vgl. Hellbusch, J. E. 2005, S. 153.
[74] S. BITV.
[75] Vgl. Hellbusch, J. E. 2005, S. 157.

Tabellen sollten nur zur Darstellung tabellarischer Daten und nicht für die Text-
und Bildgestaltung verwendet werden.[76] Werden Tabellen zu Layoutzwecken
genutzt, sind Änderungen am Layout sehr aufwändig. Auch die Verwendung
von Frames zu Layoutzwecken ist hinsichtlich Barrierefreiheit kritisch zu sehen,
da nicht nur Text hinterlegt werden muss, sondern die Darstellung in
linearisierter Form umständlich ist.[77] Zur Gestaltung einer Webseite sollten nicht
mehr als fünf Frames zum Einsatz kommen, da sich sonst sehbehinderte
Nutzer kaum noch auf der Webseite orientieren können.[78]

4.5. Geräteunabhängigkeit und Dynamik

Barrierefrei bedeutet auch, eine Webseite muss sich mit allen Eingabegeräten[79]
bearbeiten lassen. So sollte eine Webseite auch die Bedienung mit der Tastatur
zulassen, da Menschen mit motorischen Behinderungen eine Maus nicht oder
nur eingeschränkt benutzen können. Zur Navigation wird die TAB-Taste
verwendet, dabei sollte jedes Element der Webseite mit der Tastatur erreichbar
sein und der Nutzer wissen, wo er sich gerade befindet. Überschriften und
Linktexte müssen sinnvoll gewählt und im Kontext verstanden werden können.[80]
Je nach Position im Quelltext werden Links mit der TAB-Taste angesteuert,
wobei auch hier die Linearisierbarkeit eine große Rolle spielt. Eine sinnvolle
Tabulatorenreihenfolge sollte deshalb eingehalten werden. Das Attribut
tabindex kann die Reihenfolge der angesprochenen Links beeinflussen:

```
<ul>
<li> <a href="#"
tabindex="2">link1</a></li>
<li> <a href="#"
tabindex="1">link2</a></li>
</ul>
```

---

[76] S. BITV, Anforderung 5.
[77] Vgl. Hellbusch, J. E. 2005, S. 162.
[78] Vgl. Initiative der Aktion Mensch 2011c, S. 1.
[79] Wie Spracheingabe, Tastatur, Maus, Kopfmaus.
[80] S. BITV, Anforderung 9 zur geräteunabhängigen Gestaltung von Webauftritten.

Bei Betätigen der TAB-Taste wird im o. g. Beispiel erst Link2 und dann Link1 angesprochen. Weitere Links, Objekte und Formulare müssen bei der Vergabe der Tabindizes berücksichtigt werden.[81] Links können über Tastaturkürzel direkt aufgerufen werden, wenn das Attribut `accesskey` verwendet wurde. Bereits vom Browser und Betriebssystem verwendete `accesskey` sind zu beachten. Die Flächen für Navigationslinks sollten großzügig bemessen sein und genügend Abstand zwischen den Links berücksichtigen, da es auch Nutzer mit Spezialmäusen gibt.[82] Um den Nutzern die Bedienung der Webseite zu erleichtern, sollten sich die Navigationselemente möglichst in einem Bereich der Webseite konzentrieren.

Webseiten sollen auch ohne Javascript vollständig nutzbar sein sollen. Zu wichtigen Inhalten, die mit Javascript zur Verfügung gestellt werden, müssen Alternativen zur Verfügung gestellt werden. Durch den Einsatz von Javascript darf die Tastaturbedienbarkeit nicht beeinträchtigt werden. Im Gegensatz zur WCAG1 akzeptiert die WCAG2 Javascript, wenn gewisse Mindestanforderungen der Zugänglichkeit eingehalten werden. Scriptgesteuerte Inhalte müssen selbst zugänglich sein.[83] Screenreader können mittlerweile mit Javascript umzugehen.[84]

Selbstständige Aktualisierungen von Webseiten bereiten Screenreadern Probleme, da diese nicht erfassen können, welcher Teil der Seite neugeladen und ausgetauscht wurde. Daher sollten diese automatischen Aktualisierungen der Seiten vermieden werden.[85] Es sollte auf `refresh` in der Kopfzeile eines (X)HTML-Dokuments verzichtet werden.[86]

Bewegende und blinkende Elemente (u. a. Newsticker und auch Werbebanner) stellen für behinderte Menschen und Screenreader[87] Probleme dar und sollten gemäß WCAG1 vermieden werden. Menschen mit kognitiver oder visueller Behinderung können bewegende Elemente nicht schnell genug oder gar nicht lesen. Deshalb wäre es hilfreich, Funktionen zum Stoppen einzubauen. Nutzer mit kognitiven Behinderungen brauchen zum Lesen von Texten länger Zeit.

---

[81] Vgl. Hellbusch, J. E./Mayer, Th. 2006, S. 24.
[82] Z. B. Menschen mit motorischer Behinderung.
[83] S. WCAG2, sind Javascript-Techniken hinterlegt.
[84] Vgl. Dias 2011, S. 1.
[85] Gemäß BITV muss der Nutzer selbst bestimmen können, wann eine Seite neu aufgerufen wird.
[86] Vgl. Hellbusch, J. E. 2005, S. 179.
[87] Screenreader können oft bewegenden oder blinkenden Text lesen.

Daher sollte die automatische Aktualisierung beim erstmaligen Laden der Seite deaktiviert sein.[88]

Auf Webseiten werden gern Event-Handler eingebaut, die von der jeweiligen Mausposition und anderen Mausereignissen abhängig sind.[89] Dabei ist Geräteunabhängigkeit zu beachten. Besser wäre es logische anstatt von geräteabhängigen Event-Handlern zu verwenden. Mit den Attributen onmouseover und onemouseout wird die Darstellung verändert, wenn der Mauszeiger über das entsprechende Element gehalten wird.[90] Allerdings gelten die Attribute nur für die Bedienung mit der Maus. Aus Sicht der Barrierefreiheit gibt es keine Einwände zum Einsatz dieser Attribute, wenn keine zusätzlichen Informationen übermittelt werden.

4.6. Verständlichkeit, Navigation und Orientierung

„Inhalt, Navigation, Funktion, Kommunikation und Interaktion sind so zu gestalten, dass Benutzer sie verstehen und zielgerichtet benutzen können."[91] Die Inhalte müssen verständlich und die Funktionen bedienbar angeboten werden.[92] Nur Webseiten, die verständlich sind, können barrierefrei gelesen und bedient werden.

Navigation ist wichtig für die Usability. Dabei ist die Aussagekraft der Navigationselemente enorm wichtig. Es sollten nur verständliche und aussagekräftige Begriffe verwendet werden, die bei gleicher Bezeichnung mit der gleichen Funktion belegt sein sollten. Navigationsmechanismen müssen schlüssig und nachvollziehbar eingesetzt werden.[93] Navigationselemente müssen ohne Farbe wahrnehmbar und in Textform verfügbar sein.

In vielen Unternehmen bildet die eigene Organisationsstruktur die Grundlage für die Struktur der Webseite und ist damit für den Besucher nicht immer nachvollziehbar.[94] Beim Navigieren sollte eine logische Reihenfolge eingehalten

---

[88] Vgl. Hellbusch, J. E. 2005, S. 179.
[89] Vgl. Hellbusch, J. E./Mayer, Th. 2006, S. 26.
[90] Vgl. Hellbusch, J. E. 2005, S. 175.
[91] Vgl. Hellbusch, J. E. 2005, S. 96.
[92] S. BITV, Anforderungen zur Verständlichkeit, Navigation und Orientierung.
[93] S. BITV, Anforderungen zur Navigation.
[94] Vgl. Initiative der Aktion Mensch 2011d, S. 1.

und Links eventuell gruppiert werden. Dabei müssen die Gruppen eindeutig bezeichnet und auch ohne Maus bedient werden können. Screenreader haben Probleme mit selbsttätig öffnenden Fenstern und Popup. Daher sollten neue Fenster nur nach Anforderung oder Ankündigung geöffnet werden.[95]

Generell ist für den Inhalt auch komplexer Themen eine einfache und klare Sprache mit üblichen Worten zu verwenden. Korrekte Rechtschreibung und Grammatik sind für Screenreader wichtig. Endlossätze, Nebensätze, Abkürzungen und unnötige Fachtermini sollten vermieden werden. Ein knapp formulierter Text ist für alle Nutzer leichter zu lesen. Generell sollte der Text gut strukturiert sein und lange Textpassagen vermieden werden, da zu lange oder zu kurze Zeilen stark ermüden und den Lesefluss durch die Suche der nächsten Zeile unterbrechen. Für das schnelle Lesen sind 30 bis 40 Anschläge optimal.[96] Text wird verständlicher, wenn er mit grafischen oder Audioinhalten ergänzt wird. Jedoch wurde festgestellt, dass beim Betrachten einer Webseite zuerst Überschriften und hervorgehobene Texte gelesen werden und dann erst Bilder und andere Elemente.[97] Gut platzierte aussagekräftige Navigationselemente und Überschriften sind entscheidender als bewegte Bilder und Farbenpracht.[98] Ebenso sollte der Präsentationsstil innerhalb der Webseite beibehalten werden.

---

[95] S. BITV.
[96] Vgl. Hellbusch, J. E. 2005, S. 115.
[97] Vgl. Hellbusch, J. E. 2005, S. 99.
[98] Vgl. Hellbusch, J. E. 2005, S. 110.

5. Zusammenfassung

Mit Barrierefreiheit werden nicht nur Webseitennutzer angesprochen, sondern es entstehen auch Vorteile für die Unternehmen (z. B. besseres Ranking in Suchmaschinen). Vor allem Web 2.0, das dadurch gekennzeichnet ist, dass Benutzer Inhalte publizieren können, stellt hohe Anforderungen an die Barrierefreiheit. So müssen Blogs, Wikis und soziale Netzwerke auch für Menschen mit Behinderung zugänglich und nutzbar sein.

Anforderungen an die Barrierefreiheit lassen sich meist leicht umsetzen und kosten nicht viel. Barrierefreiheit ist mehr als eine „Nur-Text-Version" und bedeutet nicht automatisch schlechtes Design. Von barrierefreien Angeboten profitieren auch die Nutzer mobiler Endgeräte oder Nutzer in Regionen, in denen noch kein Breitband möglich ist, da sich Webseiten schneller laden und leichter pflegen lassen.

Um eine Webseite auf Barrierefreiheit testen zu können, gibt es verschiedene Tools. So kann eine Prüfung z. B. mit Erweiterungen von Mozilla Firefox wie

- Web Developer Bar (mit zahlreichen Funktionen zur Prüfung auf Zugänglichkeit)

- Accessibility Evaluator (überprüft die Internetseite auf die Standards der Web Accessibility Initiative WAI, Vergabe von ALT-Texte und Tags, analysiert das CSS, Scripting sowie die W3C-Standards)

- der Juciy Studio Accessibility Toolbar (mit Funktionen zur Prüfung von WAI Elementen)

erfolgen. Weiterhin gibt es kostenlose Screenreader (z. B. NVDA) und textbasierte Webbrowser wie Lynx zum Testen der Webseite.

Quellenverzeichnis

ABI (2010): Aktionsbündnis für barrierefreie Informationstechnik
URL: http://www.abi-projekt.de/
[Abrufdatum: 01.05.2013]

Berger, Andrea u. a. (o. A.): Web 2.0 / barrierefrei
URL: http://publikationen.aktion-mensch.de/barrierefrei/Studie_Web_2.0.pdf
[Abrufdatum: 27.04.2013]

Berger, Marcus (o. A.): Was ist Barrierefreiheit
URL: http://www.barrierefreies-netz.de/barrierefreiheit.html
[Abrufdatum: 28.04.2013]

Bildung für nachhaltige Entwicklung (o. A.): Brundtland-Bericht 1987
URL: http://www.bne-portal.de/coremedia/generator/unesco/de/02__UN-
Dekade_20BNE/01__Was_20ist_20BNE/Brundtland-Bericht.html
[Abrufdatum: 27.04.2013]

Bundesministerium der Justiz (1996): Anhang über an Bildschirmarbeitsplätze zu
stellende Anforderungen
URL. http://www.gesetze-im-internet.de/bildscharbv/anhang_8.html
[Abrufdatum: 01.05.2013]

Bundesministerium der Justiz 2002
Bundesministerium der Justiz (2002): Gesetz zur Gleichstellung behinderter
Menschen (Behindertengleichstellungsgesetz – BGG)
URL: http://www.gesetze-im-internet.de/bundesrecht/bgg/gesamt.pdf
[Abrufdatum: 30.04.2013]

Bundesregierung (2012): Die nationale Nachhaltigkeitsstrategie
http://www.bundesregierung.de/Content/DE/StatischeSeiten/Breg/Nachhaltigkeit/1
-Nationale-N-Strategie/2006-07-27-die-nationale-
nachhaltigkeitsstrategie.html?__site=Nachhaltigkeit
[Abrufdatum: 02.05.2013]

Cooper, Michael u. a. (2010): Techniken für WCAG 2.0
UL: http://www.einfach-fuer-alle.de/wcag2.0/uebersetzungen/WCAG20-TECHS/
[Abrufdatum: 30.04.2013]

Dahm, Markus (2006): Grundlagen der Mensch-Computer-Interaktion, Pearson
Studium, München, 2006, 1. Auflage

Dialogprozess Konsum (2008): Zukunftsmarkt energieeffiziente Rechenzentren
URL: http://www.dialogprozess-
konsum.de/index.php?option=com_content&task=view&id=43&Itemid=76
[Abrufdatum: 02.05.2013]

Dias GmbH (2011): BIK – BITV Test
URL: http://www.bitvtest.de/startseite.html
[Abrufdatum: 29.04.2013]

Die Mediengestalterin (2011): Farbgestaltung
URL: http://die-mediengestalterin.de/farbgestaltung/
[Abrufdatum: 02.05.2013]

Dunckert, Markus / Jüptner, Olaf (2004): Wettbewerbsvorteile durch barrierefreie
Internetauftritte
URL: http://www.hessen-it.de/mm/barrierefreies_internet.pdf
[Abrufdatum: 01.05.2013]

WCAG (Web Content Accessibility Guidelines)
Einfach für alle (2010): Wie man WCAG 2.0 erfüllt: Eine anpassbare
Schnellreferenz zu den Bedingungen (Erfolgskriterien) und Techniken der
Richtlinien für barrierefreie Webinhalte 2.0
URL: http://www.einfach-fuer-alle.de/wcag2.0/uebersetzungen/How-to-Meet-
WCAG-2.0/
[Abrufdatum: 30.04.2013]

Eurich, Thorsten (2010): HTML5: Formularfeld- Eigenschaft placeholder unter der
Lupe
URL: http://www.eurich.de/index.php?topic=99.0
[Abrufdatum: 30.04.2013]

Fischer, Mario (2009): Website Boosting 2.0: Suchmaschinen-Optimierung,
Usability, Online-Marketing, mitp Verlag, Heidelberg, 2009, 2. aktualisierte und
erweiterte Auflage

fluSoft GbR (2011): NVDA – der freie Screenreader
URL: http://www.flusoft.de/nvda/index.html
[Abrufdatum: 29.04.2013]

Girke, Detlef (2003): Das Internet für alle nutzbar machen – die BITV umsetzen
URL:
http://www.bit.bund.de/nn_375014/BIT/DE/Shared/Publikationen/GSB__Publikati
onen/bitv-BBB1782,templateId=raw,property=publicationFile.pdf/bitv-
BBB1782.pdf
[Abrufdatum: 27.04.2013]

Göbel, Kristin (2009): Das Web 2.0 unter dem Aspekt der Barrierefreiheit:
Untersuchung der Webanwendung XING, Diplomica Verlag, Hamburg, 2009, 1.
Auflage

Hellbusch, Jan Eric / Mayer, Thomas (2006): Barrierefreies Webdesign,
knowware.de, 2006, 4. aktualisierte Auflage

Hellbusch, Jan Eric / Probiesch, Kerstin (2011): Barrierefreiheit verstehen und
umsetzen: Webstandards für ein zugängliches und nutzbares Internet,
dpunkt.verlag GmbH, Heidelberg, 2011, 1. Auflage

Initiative der Aktion Mensch für barrierefreies Internet (2011): Einfach für alle
URL: http://www.einfach-fuer-alle.de/
[Abrufdatum: 30.04.2013]

Initiative der Aktion Mensch für barrierefreies Internet (2011): Kontrast (Minimum):
Erfolgskriterium 1.4.3 verstehen
URL: http://www.einfach-fuer-alle.de/wcag2.0/uebersetzungen/Understanding-
WCAG-2.0/1.4.3-visual-audio-contrast-contrast/#visual-audio-contrast-contrast-
resources-head [Abrufdatum: 01.05.2013]

Initiative der Aktion Mensch für barrierefreies Internet (2011): Warum visuelle
Einfachheit der Usability schaden kann
URL: http://www.einfach-fuer-alle.de/artikel/komplex-oder-einfach/
[Abrufdatum: 01.05.2013]

Initiative der Aktion Mensch 2011c
Initiative der Aktion Mensch für barrierefreies Internet (2011): Mangelnde
Skalierbarkeit
URL: http://www.einfach-fuer-alle.de/podcast/2006/kw38/#mehr
[Abrufdatum: 30.04.2013]

Initiative der Aktion Mensch für barrierefreies Internet (2011): BITV Reloaded –
Anforderung 13
URL: http://www.einfach-fuer-alle.de/artikel/bitv-reloaded/anforderung-
13/bedingung-13.4/
[Abrufdatum: 30.04.2013]

ISO 9241.110 (o. A.): ISO 9241.110
URL: http://www.handbuch-usability.de/iso-9241.html
[Abrufdatum: 28.04.2013]

Juicy Studio (2011): Luminosity Colour Contrast Ratio Analyser
URL: http://juicystudio.com/services/luminositycontrastratio.php
[Abrufdatum: 01.05.2013]

Kreitmar, Ines (2007): Farbkontraste
URL: http://lehrerfortbildung-
bw.de/bs/information/gestaltungstechnik/material/09_06_praesentationen_kreitma
ir/Gestalten/04b_Farbkontraste.pdf
[Abrufdatum: 01.05.2013]

Müller, Günther (o. A.): Nachhaltige Informationssysteme
URL: http://www.telematik.uni-freiburg.de/node/1028
[Abrufdatum: 02.05.2013]

Morsbach, Jörg (2004): Accessibility im Schatten der Usability
URL: http://www.contentmanager.de/magazin/artikel_541-
print_accessibility_im_schatten_der_usability.html
[Abrufdatum: 27.04.2013]

Nielsen, Jakob (2011): Top 10 Mistakes in Web Design
URL: http://www.useit.com/alertbox/9605.html
[Abrufdatum: 30.04.2013]

Nielsen, Jakob (1996): Original Top 10 Mistakes in Web Design
URL: http://www.useit.com/alertbox/9605a.html
[Abrufdatum: 30.04.2013]

Paciello Group (2011): Contrast Analyser for Windows and Mac
URL: http://www.paciellogroup.com/resources/contrast-analyser.html
[Abrufdatum: 01.05.2013]

Pagenkopf, Kai (2010): Barrierefreiheit – Zugänglichkeit für alle sicherstellen:
Bundesinitiative Wirtschaftsfaktor Alter
URL: http://www.bmwi.de/BMWi/Redaktion/PDF/Publikationen/wirtschaftsfaktor-
alter-faktenblatt-4-
barrierefreiheit,property=pdf,bereich=bmwi,sprache=de,rwb=true.pdf
[Abrufdatum: 27.04.2013]

Probiesch, Kerstin (2011): Barrierefreiheit im Web – Den Kunden im Blick
URL: http://www.bieg-hessen.de/files/Leitfaden_Barrierefreiheit_im_Web.pdf
[Abrufdatum: 01.05.2013]

Radtke, Angie / Dr. Charlier, Michael (2006): Barrierefreies Webdesign: Attraktive
Websites zugänglich gestalten, Addison-Wesley Verlag, 2006, 1. Auflage

Rampel, Hans-Jörg (2011): Handbuch Usability
URL: http://www.handbuch-usability.de/selbstbeschreibungsfaehigkeit.html
[Abrufdatum: 27.04.2012]

Dr. Schulte, Gewendolyn (2005): Barrierefreier Zugang zu Informationen:
Realisierbarkeit und Wirtschaftlichkeit eines Internets ohne Ausgrenzung
URL: http://fiz1.fh-potsdam.de/volltext/diplome/06019.pdf
[Abrufdatum: 27.04.2013]

W3C (2011): Über das World Wide Web Consortium (W3C)
URL: http://www.w3c.de/about/overview.html
[Abrufdatum: 29.04.2013]

Wohlrabe, Nadine (o. A.): Definition barrierefreies Internet
URL: http://www.quadronet.de/nc/startseite/service-
center/infohilfedownloads.html?tx_abdownloads_pi1%5Baction%5D=getviewclick
eddownload&tx_abdownloads_pi1%5Buid%5D=5
[Abrufdatum: 27.04.2013]